AF452294

MÉMOIRE

SUR LES

APPAREILS PRODUCTEURS

DE VAPEUR,

LU À L'ACADÉMIE DES SCIENCES

PAR LE BARON SÉGUIER;

Et Rapport fait le 9 janvier 1832,

PAR MM. ARAGO, PRONY, CORDIER ET DULONG RAPPORTEUR.

NOMMÉS PAR L'ACADÉMIE POUR EXAMINER CE TRAVAIL.

EXTRAIT DU RECUEIL INDUSTRIEL,

(Tome 21e, 61e livraison 6e année.)

MÉMOIRE

sur les

APPAREILS PRODUCTEURS

DE VAPEUR,

LU A L'ACADÉMIE DES SCIENCES

PAR LE BARON SÉGUIER,

CONSEILLER A LA COUR ROYALE,

BREVETÉ POUR UN APPAREIL A VAPEUR,

DIT PRODUCTEUR DE VAPEUR A FLAMME RENVERSÉE.

Les machines à vapeur depuis leur invention ont subi toutes espèces de modifications dans leurs formes, suivant leurs diverses applications ou le caprice de ceux qui les ont construites. Quelques

---

(1) Extrait du *Recueil Industriel, Manufacturier...... et des Beaux-Arts*, publié par M. de Moléon, ancien élève de l'Ecole Polytechnique.

Ce recueil paraît tous les mois en un cahier de 6 à 7 feuilles d'impression, avec 3 à 4 planches gravées. On souscrit au bureau central, rue Neuve-des-Capucines, n° 13 bis. Prix : à Paris, 3o fr. pour un an; dans les départemens, 36 fr.; à l'étranger, 42 fr.

changemens ont été motivés par la nature même de l'industrie à laquelle la machine devait prêter son secours ; d'autres modifications ont eu pour cause une disposition plus régulière, mieux étudiée dans les diverses pièces qui composent la machine ; elles avaient pour but de réduire les pertes de forces dues aux frottemens, d'éviter la destruction qui en résulte, de diminuer ainsi les dépenses d'entretien, et rendre plus rares les occasions de suspension de travail.

Quelquefois, souvent même, on est forcé de le reconnaître, la variation dans la forme n'eut d'autre motif que le désir d'innover, ou le besoin de s'écarter du modèle adopté par des constructeurs rivaux.

Les perfectionnemens tendant à un meilleur emploi de la vapeur ont été plus rares ; ils demandent, en effet, de la part du novateur, non-seulement des connaissances pratiques, mais encore des notions théoriques de l'appareil, des lois physiques auxquelles la vapeur est soumise.

La science indique ce qui reste à faire dans ce genre. Le point de perfection, atteint sous les autres rapports, semble satisfaire les constructeurs et les industriels qui se servent de leurs machines. C'est donc moins vers l'appareil à l'aide duquel la force est réalisée qu'il convient d'appeler les méditations des esprits inventifs, que vers celui où elle est produite, et que nous appelons, en termes génériques, producteurs de vapeur.

Nous disons producteurs de vapeur, car

nous ne saurions employer, pour désigner les appareils à vapeur en général, les mots de chaudière ou de générateur, qui sont eux-mêmes consacrés à désigner des producteurs d'un genre spécial. La machine à feu, si perfectionnée dans sa construction, est restée comme stationnaire quant à l'appareil destiné à former la vapeur à l'aide de laquelle elle développe sa puissance.

Dès l'origine de l'invention, Watt employa, pour réduire l'eau en vapeur, d'énormes vases de métal, d'abord ronds, puis carrés, ou de formes prismatiques; ils renfermaient l'eau soumise à l'action du feu. Le foyer fut placé tantôt dessous, tantôt dedans, et comme au milieu du liquide; d'autres fois et dessous et dedans simultanément. Presque toujours la flamme faisait plusieurs circuits autour de ces énormes récipiens, qui reçurent le nom de chaudières à vapeur.

Plusieurs fois, abandonnées par les successeurs de Watt, remplacées par des chaudières cylindriques, avec ou sans tubes bouilleurs, par des appareils composés de bouilleurs seulement, comme les employait Wolff, elles ont été de nouveau reconstruites, et sont aujourd'hui, avec les chaudières cylindriques, d'un usage presque général. Quelques inventeurs, animés du désir de faire mieux, ont été frappés de la disproportion qui existe entre l'énormité des chaudières destinées à faire la vapeur que consomment les machines simplifiées et réduites comme elles le sont aujourd'hui; ils ont essayé de sortir de la route suivie jusqu'alors.

Les uns, préoccupés de la quantité de vapeur consommée par chaque pulsation seulement, ont tenté de construire des appareils où elle serait formée instantanément et pour chaque battement de la machine : regardant comme inutile, pour une faible dépense successive, d'avoir toujours une masse considérable de vapeur formée d'avance, ils ont cru pouvoir sans inconvénient la produire au fur et à mesure que le moteur l'emploierait.

D'autres constructeurs, espérant diminuer le poids et le volume des chaudières, ont eu l'idée de former de la vapeur à très-haute pression dans des appareils plus petits, exposés à un feu plus intense; ils l'emploient ensuite à alimenter des machines dans lesquelles la vapeur agit, soit sous la haute pression sous laquelle elle a été formée, soit en se détendant, comme aurait fait celle produite par une grande chaudière, sous une pression beaucoup moindre. Ces divers appareils, qui ont reçu le nom de générateurs, semblent, au premier coup d'œil, plus appropriés à leurs destinations; cependant leurs inventeurs presque seuls les ont mis jusqu'à présent en usage.

L'industrie paraît avoir adopté exclusivement les grandes chaudières; il est vrai de dire qu'elles seules lui ont encore rendu de véritables services.

Nous nous proposons, messieurs, d'examiner quelle est la cause de cette préférence, de rechercher pourquoi les appareils dits générateurs ne sont pas employés concurremment avec les chaudières, de passer succinctement en revue leurs principaux

avantages, de signaler leurs inconvéniens particuliers; après ce court examen, nous essaierons de poser quelques principes, d'après lesquels on pourrait
construire un producteur de vapeur qui réunît les
principaux avantages des unes et des autres, tout
en évitant leurs défauts. Nous indiquerons dans
quelles circonstances physiques il conviendrait,
suivant notre opinion, de se renfermer, pour écarter les dangers, et obtenir de meilleurs résultats.

Nous pensons qu'on peut assigner plusieurs causes de la préférence accordée aux grandes chaudières. En première ligne, nous plaçons la certitude
de leur résultat, qu'une expérience déjà longue a
constatée. En effet, un spéculateur qui tente une industrie nouvelle, déjà incertain du succès de son
entreprise, ne veut pas courir les risques qu'offre
dans son emploi un appareil d'une invention ré-
cente, dont la supériorité n'a pas encore été sanc-
tionnée par la pratique; si son industrie a besoin
d'un moteur, il aime mieux avoir recours à des
appareils qu'un long usage permet aux constructeurs d'établir sans tâtonnement.

Le manufacturier est sûr du service qu'une machine à vapeur à grande chaudière lui rendra; il sait
qu'à défaut de science, l'habitude a appris aux mé-
caniciens à mettre ces appareils en proportion avec
les machines qu'ils doivent faire mouvoir. Il con-
naît d'avance la quantité de la force qu'ils peuvent produire, et son prix est indiqué par le combustible qu'ils brûlent, qui est également bien
connu. Cette habitude de les construire offre encore

à l'acquéreur, de la part du constructeur, garantie pour la bonne façon, et diminution dans les frais d'acquisition. Leur valeur néanmoins considérable est compensée par l'économie qu'apportent les grandes chaudières dans la formation de la vapeur; c'est une seconde cause de la préférence qu'elles obtiennent.

Cette économie semble tenir à la proportion des chaudières, par rapport à leurs foyers; elles présentent à l'action du feu des surfaces considérables: chaque partie n'ayant que peu de liquide à vaporiser, n'aura besoin que d'être peu chauffée, et formera la vapeur avec d'autant plus d'économie que la température nécessaire pour la produire aura été moins élevée. Des expériences particulières nous ont prouvé en effet qu'il y a une limite de température pour obtenir un maximum de vaporisation. Une plaque portée au rouge vaporise moins dans un même temps qu'une semblable plaque chauffée seulement à la température du recuit-bleu de l'acier.

Une haute température développe une action répulsive entre le métal et l'eau. Celle-ci bondit en petites boules sur le métal surchauffé, et ne se convertit que lentement en vapeur.

L'économie provient encore de ce que, sous les chaudières, la flamme et la fumée trouvent le temps, dans les longs circuits qu'on leur fait faire autour de l'enveloppe, de se dépouiller de leur calorique. Leur grande capacité, leur masse de liquide les met à l'abri des coups de feu, qui, sans comp-

ter les dangers de porter trop haut subitement
la tension, et d'exposer ainsi, comme nous le di-
rons plus tard à une explosion, ont l'inconvénient grave de produire de la vapeur inutile ;
dans la chaudière d'un moteur où la dépense de
vapeur est limitée par le modérateur de la machine
qui règle constamment le nombre de ses pulsations,
toutes les fois que, par un coup de feu, la tension
vient à dépasser celle nécessaire pour équilibrer les
poids de soupapes de sûreté, la production est en
pure perte, puisque, la vapeur s'échappant au-de-
hors, la machine ne peut en profiter.

Les pertes dues à l'inégalité du chauffage, bien
plus rares à cause de la quantité de vapeur formée d'avance dans l'élasticité de laquelle les variations de pression seperdent, expliquent à elles seules
l'économie que les chaudières présentent sur les
générateurs, où ces inégalités sont fréquentes et
très-sensibles.

L'économie du combustible brûlé sous les
chaudières tient aussi à l'habitude que les ouvriers chauffeurs ont acquise. Instruits par routine,
ils savent, avec le moins de charbon possible faire
de la vapeur avec une grande chaudière ; l'inex-
périence, la mauvaise volonté même, s'opposent
quelquefois, de leur part, aux succès d'un appareil
nouveau.

Par leur disposition, les grandes chaudières présentent plus de facilité à être chauffées régulière-
ment ; elles exigent encore pour le maintien de
leur niveau une attention moins soutenue. Ces

circonstances qui, éloignant le danger, assurent la continuité et la régularité du service, sembleraient justifier la préférence que leur accorde l'industrie.

Mais si nous venons de passer en revue les principaux avantages des chaudières, il faut de suite parler de leurs graves inconvéniens.

Sans revenir sur leur haut prix, qui peut seul priver de leurs secours certaines industries, leur poids, leur masse, les éloignent d'un grand nombre d'opérations pour lesquelles on ferait encore avec bénéfice usage d'une force motrice plus dispendieuse, si elle pouvait être produite dans un espace plus circonscrit avec des appareils d'un poids moindre.

Ainsi de ce nombre nous pourrions citer les voitures, les bateaux sur les rivières peu profondes, qui échangeraient avec avantage l'économie contre la légèreté et le peu de volume.

Le plus grand inconvénient des chaudières est sans contredit le danger de leur emploi ; la quantité de liquide et la masse accumulée de vapeur qu'elles renferment menacent, dans le cas de rupture de l'enveloppe, d'une explosion épouvantable. Le déchirement de la paroi est d'autant plus à craindre que, bien que la résistance soit calculée pour être en rapport avec l'effort qu'elle peut théoriquement supporter sans altération, il est cependant une limite d'épaisseur, passé laquelle le travail ne peut plus s'exécuter, ou devient tout au moins imparfait. Nous pouvons as-

surer par notre propre expérience que la bonté de
la façon ne suit pas la progression que le calcul
assigne à l'épaisseur.

La peine que les ouvriers éprouvent à trouver sans
défaut, et à plier sans les altérer des tôles ou des cui-
vres de grande épaisseur, influe singulièrement sur
la solidité des appareils. La difficulté de réparer les
grandes chaudières ne doit pas être passée sous si-
lence ; nous venons de parler du danger que leur
emploi présente, qu'il nous soit permis d'examiner
un instant quels sont, jusqu'à ce jour, les moyens
mis en usage pour éviter les explosions ; mais d'a-
bord recherchons-en les causes.

* Les occasions de rupture sont nombreuses quelquefois, et ce cas est un des plus rares : il suppose
une extrême négligence ; les soupapes de sûreté
sont comme collées par un corps étranger, ou
seulement surchargées de poids ; leur adhérence
ou leur surcharge les empêchant de céder à la
pression toujours croissante de la vapeur, qui se
forme, bientôt la résistance de l'enveloppe ne se
trouve plus en proportion avec sa force expansive,
la chaudière se déchire et l'explosion à lieu.

Dans d'autres circonstances, le malheur arrive
parce que l'on a laissé accumuler le tartre ou le sel
dans la chaudière. Une couche épaisse d'une sub-

---

* Un résumé de ces explications a fait la matière d'un article
inséré, le 25 décembre 1829, dans le *Journal des Debats* à l'occasion d'une explosion arrivée à Rouen ; nous avons eu la satisfaction
de voir nos explications se rencontrer avec celles données peu de
temps après par M. Arago dans l'Annuaire de l'année 1830.

stance qui permet peu au calorique de circuler , se trouvant intercalée entre le fond de la chaudière et l'eau, cette partie acquiert bientôt une température élevée , rougit et finit en se dilatant par briser la couche de sédiment; l'eau arrivant alors en contact avec le métal surchauffé, forme brusquement une quantité considérable de vapeur, et l'explosion a lieu sans que les soupapes aient eu le temps d'en laisser échapper assez pour éviter l'augmentation de tension.

Suivant nous, le déchirement d'une chaudière a lieu rarement par une augmentation de pression lente et progressive ; nous croyons qu'il arrive bien plus souvent par une formation instantanée de vapeur, comme dans le cas que nous venons de citer et dans plusieurs autres , dans le détail desquels nous nous proposons d'entrer. Cette opinion peut seule expliquer les circonstances bizarres de certaines explosions qui ont eu lieu, nonobstant le bon état des soupapes constaté peu de temps avant le désastre.

La formation instantanée de vapeur que nous signalons comme principale cause d'accident tient au défaut partiel ou total d'alimentation ; cet inconvénient grave se présente fréquemment à cause de l'imperfection des pompes alimentaires, du peu de soin avec lequel on s'assure de l'efficacité de leur service.

La construction vicieuse de cette partie importante des machines nous a déjà plusieurs fois fourni l'occasion de voir des chaudières privées d'alimentation dont le fond, finissant par être exposé à sec à l'action du foyer, avait eu le temps de rougir; sans de sages précautions lors de la réintroduction de l'eau, nous pouvons assurer que ces appareils auraient infailliblement fait explosion.

Il suffit quelquefois de l'abaissement seul du niveau pour produire cet effet; avant de décrire ce qui arrivera par le manque absolu de liquide dans la chaudière, occupons-nous un instant de ces cas particuliers.

Nous supposons que l'eau transformée successivement en vapeur n'a pas été remplacée en égale proportion, que le niveau ait pu ainsi s'abaisser au point de laisser le sommet des galeries exposé à sec à l'impression du feu. Dans cette circonstance, la vapeur, et non plus l'eau seulement, se trouvant en contact avec la flamme, se pénètre elle-même de calorique; ainsi surchauffée, la vapeur prendra une température décroissante depuis le point supérieur où elle sera la plus chaude, jusqu'au point de contact avec le liquide où là seulement elle aura une température correspondante à la sienne. Si, dans ces circonstances, la pression de la chaudière vient à varier, parce qu'on aura ouvert brusquement la soupape de sûreté, on rétablit tout à coup, pour mettre la machine en jeu, la communication entre la chaudière et le moteur. Cette dépression fera bouillonner avec effervescence l'eau qui reste dans la chaudière; pénétrée de tout le calorique nécessaire pour passer en vapeur, la pression seule tiendra encore l'eau à l'état liquide. Les globules d'eau saturant la vapeur surchauffée au milieu de laquelle ils sont injectés, s'appropriant son calorique se réduiront ainsi eux-mêmes en vapeur, malgré l'augmentation de pression qui deviendra instantanément capable de rompre l'enveloppe et de donner lieu au désastre d'une explosion.

Le manque total d'eau dans une chaudière peut produire des effets analogues : ce cas peut arriver, parce qu'on aura fermé momentanément le robinet d'introduction d'eau, qu'on aura oublié de le rouvrir à temps ; ou bien, ce qui est plus fréquent, parce que quelques ordures tenant soulevée les clapets de la pompe d'alimentation en rendent les effets nuls sans qu'on puisse en être aussitôt averti. Si l'eau donc, par une de ces raisons, cesse d'arriver dans la chaudière et que celle-ci ait continué de fournir de la vapeur au moteur, l'abaissement progressif du liquide laissera enfin la chaudière à sec.

En contact dans cet état avec la flamme, elle deviendra bientôt incandescente : communiquant sa haute température à la vapeur qu'elle contient encore, celle-ci se dilatera et continuera ainsi à faire mouvoir la machine, dont la marche déjà ralentie va bientôt être tout-à-fait suspendue ; l'explosion n'aura pas encore lieu, mais elle est préparée.

Si dans ce moment, pour couvrir sa négligence, le surveillant de la machine, croyant même ainsi remédier au mal, se hâte d'envoyer de l'eau dans

la chaudière; cette eau arrivant sur des surfaces rou-
ges se convertira brusquement en vapeur ; elle sera
surtout réduite à cet état par l'excès de calorique
que lui fournira instantanément la vapeur portée au
rouge avec laquelle elle se trouve en contact; cette
vapeur surchauffée, qui se dépouille au profit de
l'eau imprudemment introduite, est suivant nous
bien plutôt la cause de la production des forces vives
qui brisent la chaudière, que l'augmentation brusque de la tension par la vapeur formée du contact
du liquide seul avec les surfaces incandescentes, *

---

* Nous éprouvons ici le besoin d'entrer dans quelques explications
pour développer notre pensée et répondre aux observations consi-
gnées dans le rapport de la Commission, si honorable pour nous, et
que nous nous empressons d'annexer à ce mémoire.

M. Dulong, dans l'examen consciencieux qu'il a bien voulu faire
de notre travail, a cru y trouver une erreur en physique, qu'il a sa-
vamment et victorieusement réfutée. Ma pensée, mal exprimée peut-
être, et par cela même difficile à saisir, a donné lieu à cette lumineuse
discussion scientifique que je m'estime heureux néanmoins d'avoir
provoquée. Voici ce que je conçois et ce que je prends le soin d'a-
jouter :

Je ne crois pas certainement que la vapeur surchauffée contienne
assez de calorique pour former à elle seule, en la transmettant au
liquide, une masse de vapeur d'une force élastique supérieure à celle
déjà existante ; d'un autre côté, je ne puis cependant admettre en
aucune façon que l'instantanéité de la formation de la vapeur puisse
être opérée par le contact du liquide avec la paroi rouge, à cause de
la répulsion incontestable qui existe entre l'eau et le métal à une
température élevée. J'ai dû, dans ces circonstances, chercher une
explication, bien persuadé que l'explosion doit être attribuée à une
augmentation de pression. Je crois la trouver seulement dans la présence de la vapeur surchauffée, et c'est pour cela que je lui ai attri-
bué le désastre ; mais je regrette de n'avoir pas fait assez saisir quel
est le rôle que joue la vapeur pendant le phénomène.

Il convient donc d'entrer dans quelques détails sur la manière dont
je suppose que les choses se passent dans le cas indiqué.

Car une très-haute température n'est pas celle qui forme le plus promptement la vapeur, comme nous l'avons déjà fait remarquer.

J'ai remarqué, et plusieurs industriels distingués, au nombre desquels je citerai M. Halette, habile ingénieur, constructeur à Arras, ont observé comme moi, que la vapeur possède non-seulement la propriété bien connue d'abandonner instantanément le calorique qu'elle contient au profit d'un liquide avec lequel elle entre en contact, mais encore la faculté inverse de s'emparer, dans un temps également extrêmement court, du calorique des parois de métal qu'elle vient à toucher. La première de ces propriétés est incontestable, elle est la base du système des machines à condensation. Je regarde la seconde comme aussi certaine, quoiqu'elle n'ait été aperçue que par quelques personnes. A mon avis, c'est cette double propriété qui peut seule expliquer l'explosion dans le cas précité. Voici donc comment je me rends compte du phénomène : L'eau, au moment d'une dépression survenue dans la chaudière, par une cause quelconque, étant injectée au milieu de la vapeur surchauffée, s'empare de son calorique, et forme, je le reconnais avec M. Dulong, de la vapeur d'une force élastique inférieure à celle préexistante : le calcul établit cette vérité. Mais je m'empresse d'ajouter que cette nouvelle vapeur, par la faculté que je viens de signaler, s'approprie brusquement le calorique de la paroi avec laquelle elle vient de cesser d'être en équilibre de température, pour l'abandonner de nouveau au liquide injecté, et former encore de la vapeur.

Je ne puis m'expliquer que par la présence de cet intermédiaire bénévole qui reçoit et qui rend, comment le calorique peut passer assez vite de la paroi dans le liquide, nonobstant la répulsion qui existe entre l'un et l'autre liquide pour former instantanément assez de vapeur pour déterminer l'explosion. Je ferai remarquer qu'il suffit que la vapeur agisse sous sa double propriété pendant un seul instant ; car, dès que la température du métal a baissé, l'action répulsive cessant, l'évaporisation du liquide, par son contact avec la paroi, pourra s'opérer suivant l'explication de M. Marestier, que je connaissais, et que j'adopte complétement ; mais après ce premier phénomène la répulsion qui existe d'abord rend en effet cette explication invraisemblable si l'on n'admet préalablement celle que je viens de développer.

Dans ces circonstances, l'effet est produit avant que les soupapes de sûreté n'aient pu le prévenir ; nous comparons la vapeur ainsi formée à la production instantanée d'un gaz, comme par exemple, lors de l'inflammation de la poudre dans un fusil de munition dont la lumière, souvent plus grande, par rapport au canon, que ne sont généralement les soupapes, par rapport aux chaudières qu'elles doivent préserver, n'empêchent cependant pas la force expansive ainsi produite de lancer le projectile : la présence, le bon.état des soupapes ne pourra donc prévenir le danger ; nous avons vu que leur ouverture même pouvait seule dans certains cas déterminer l'explosion.

Si nous réunissons à cette production de force vive que nous venons d'indiquer l'affaiblissement de la paroi du métal dont le feu a diminué la ténacité par une haute température, nous trouverons l'explication naturelle de la rupture des bouilleurs de quelques chaudières qui sont cependant demeurées intactes, quoique, par leur moindre épaisseur, par leur diamètre supérieur, elles dussent présenter moins de résistance.

L'explosion par défaut d'alimentation produit donc cet effet bizarre de déchirer les bouilleurs, la partie en apparence la plus forte d'une chaudière, parce que c'est dans le bouilleur qu'est placé habituellement le tuyau d'alimentation, et qu'il se trouve ainsi le théâtre de l'explosion, lorsque déjà, par sa position voisine du feu et la haute température à laquelle il a pu être porté, il est devenu en réalité le point le plus faible de toute la chaudière.

L'instantanéité de l'explosion peut seule expliquer le déchirement des bouilleurs d'une chaudière qui n'a pas éprouvé nécessairement le même sort ; car la tension peut être si subite que l'équilibre n'a pas eu le temps de s'établir par les ouvertures, presque toujours beaucoup trop étroites, qui forment la communication de la chaudière aux bouilleurs.

Si les soupapes de sûreté ne peuvent rien contre ces cas, qui malheureusement sont les plus fréquens, il n'en est pas tout-à-fait de même des plaques fusibles destinées à fondre dès que la température de la vapeur devient trop élevée, quelle que soit néanmoins sa tension ; la fusion de la rondelle peut avertir le surveillant ; il n'est cependant pas probable que celui dont la négligence a pu laisser manquer d'eau la chaudière s'aperçoive de la fusion de la plaque ; cette fusion peut quelquefois, il est vrai, être accompagnée du sifflement de la vapeur à laquelle elle laisse une issue, mais aussi elle peut arriver dans des circonstances où la densité de la vapeur, qui a continué à faire mouvoir quelque temps la machine par sa seule dilatation, est devenue égale, peut-être même inférieure à la pression atmosphérique.

Aucun bruit n'accompagnant alors la fusion de la plaque, souvent placée hors de la portée de l'œil, on ne sera pas averti de ce qui s'est passé dans la chaudière.

Si les rondelles fusibles présentent de grandes garanties contre la tension progressive, si elles en présentent même quelqu'une pour le cas que nous venons de citer, nous ne pouvons nous dissimuler, dans certaines circonstances, leurs graves inconvé-niens : exposées à fondre à une température *trop voisine* de celle correspondante à la pression sous laquelle la machine fonctionne habituellement, elles peuvent quelquefois rendre ainsi le danger plus imminent. Cet inconvénient mérite d'être si-gnalé, il empêche les bateaux remorqueurs d'en faire usage.

Si en effet, au moment où un bâteau sort du port, il se trouve obligé, pour résister au courant ou au vent qui le ramène à terre d'élever un peu la tension de sa vapeur, et qu'en cette circonstance critique, la ron-delle vienne à fondre, vaudrait autant pour l'équi-page que la chaudière eût fait explosion. Privé tout à coup de sa force motrice qui s'échappe par l'ouverture que laisse la plaque fondue, le bateau, qui ne se gouverne plus est jeté à la côte et périt corps et biens. Dans ce cas, qui n'est pas chimérique, la présence de la plaque qui peut fondre lorsque la pression était encore loin d'égaler la résistance de la chaudière, augmente les chances de l'explosion dont le moment se trouve ainsi rapproché.

Nous venons d'indiquer un danger réel ; lorsque nous parlerons des modifications que nous avons apportées, nous proposerons les moyens de parer à cet inconvénient qui empêche de généraliser l'emploi des plaques fusibles ; nous indiquerons comment l'on peut trouver dans leur fusion, lors la dilatation de la vapeur sans tension, un avertissement certain de ce qui s'est passé dans l'intérieur de l'appareil.

Les grandes chaudières ont encore d'autres in-convéniens ; mais, pour éviter des répétitions, nous les signalerons, en indiquant les moyens d'y remédier , lorsque nous poserons quelques principes de construction.

Nous avons parlé de chaudières , discutons le mérite des générateurs.

Les uns forment la vapeur instantanément, et pour le besoin actuel de la machine, d'autres la génèrent progressivement, comme une chaudière, et la contiennent sous une pression considérable , pour la laisser détendre au moment de son emploi ; d'autres enfin , retenant l'eau à l'état liquide malgré sa haute température, ne lui permettent de se trans-former en vapeur qu'en proportion de la dépense du moteur et au moment même où elle doit agir sur le piston.

Du genre des appareils que nous venons d'indiquer , sont les tubes d'injection essayés et employés en Amérique ; composés de cylindres de métal très-épais , ils sont entretenus à une température élevée ; une pompe alimentaire recevant dans ces sortes d'appareils le nom de pompe d'injection mise en jeu par la machine même, injecte à chaque bâtiment la quantité d'eau nécessaire pour former la vapeur proportionnelle à la force de la machine.

Ce procédé , mis en usage sur plusieurs bateaux américains, tout en diminuant le danger, présente encore de graves inconvéniens. Les tubes, entrete-nus à une température très-haute, sont, comme nous

l'avons précédemment signalé, dans une circonstance
de vaporisation peu favorable : formant moins de
vapeur dans un même temps, ils consomment par
cela seul plus de combustible ; le rayonnement du
calorique accumulé dans ces tubes augmente encore la dépense ; la fumée, qui s'échappe aussi à une
température nécessairement égale à la leur , ne
trouvant ni le temps, ni l'occasion de se dépouiller
de son calorique , rend encore inutile une partie notable des produits de la combustion.

La vapeur générée par ces appareils est tantôt plus
que saturée, c'est-à-dire qu'elle entraîne avec elle
une certaine partie d'eau en globules qui n'a pas eu
le temps de se vaporiser ; la présence de cette eau
chaude dans le cylindre nuit au jeu de la machine,
en pénétrant les garnitures qui se gonflent et rendent
pénibles les pulsations du piston.

Tantôt, au contraire, elle est dilatée et incandescente; elle enflamme alors les filasses dont sont for-
més les pistons et les boîtes à étoupe, et carbonise
les graisses employées pour diminuer les frottemens.

Pour éviter ce double inconvénient de la vapeur,
tantôt trop chaude, c'est-à-dire dilatée, tantôt
chargée d'eau et alors plus que saturée, nous avons
avec succès, dans des expériences que nous avons
personnellement faites avec un appareil construit d'après ce système, placé un petit pyromètre
métallique dans le conduit par lequel la vapeur se
rendait du tube d'injection au cylindre moteur. La
température même de la vapeur faisant dilater ou
contracter les métaux composant l'instrument, nous

puisions dans ces mouvemens multipliés par des leviers la force nécessaire pour ouvrir ou fermer un obturateur introduit dans le tuyau d'aspiration de la pompe d'injection ; par cette disposition, toutes les fois que la vapeur acquérait une température supérieure à celle correspondant à la pression sous laquelle la machine fonctionnait habituellement, le pyromètre par sa dilatation ouvrant l'obturateur ; la pompe d'alimentation avait eu le temps, avant que son piston ne redescendît, de se remplir en entier et d'envoyer ainsi une plus grande quantité d'eau. Dans le cas inverse, lorsque la vapeur surchargée d'eau perdait de sa tension et par conséquent de sa température, l'instrument fermant ou rétrécissant seulement l'orifice du tuyau d'aspiration, le piston de la pompe d'injection opérait son refoulement sans avoir donné le temps au corps de pompe alimentaire d'être entièrement rempli ; la quantité de liquide injectée dans cette circonstance se trouvait ainsi réduite.

Le pyromètre procurait donc le double avantage de tenir continuellement l'eau injectée en rapport avec la température du tube suffisante pour la vaporiser et de régler la quantité d'eau nécessaire pour générer, par sa conversion en vapeur, la force capable de surmonter la résistance qu'on opposait à la machine.

Pour rendre plus clair le double effet du pyromètre, supposons un instant que le piston moteur ayant à vaincre une plus grande résistance, la vapeur qui le fait agir ait pu aussi acquérir une

plus grande tension, aussitôt la température insé-
parable de la pression influant sur le pyromètre,
celui-ci par sa dilatation mettra la pompe d'injection
dans la circonstance convenable pour envoyer une
plus grande quantité d'eau. Lorsqu'au contraire la
résistance devient moindre, le piston cédant à une
pression moins forte, la température diminue et, par
un effet inverse du pyromètre, le volume de l'eau
injectée est proportionnellement réduit. Cet appareil,
sur les effets duquel nous venons de nous étendre,
avait par sa construction même la propriété d'indiquer si le tube générateur était trop ou trop peu
chauffé; car, à mesure que sa température baissait,
celle de la vapeur s'affaiblissait également, on voyait
l'appareil se mettre en devoir de diminuer l'injection
qui cessait complétement au moment même où le
tube générateur n'était plus assez chaud pour réduire l'eau en vapeur; le feu réglait donc l'injection,
et il suffisait de le régulariser lui-même pour avoir
une production égale et constante. Dès qu'on aug-
mentait ou diminuait son intensité, on modifiait
par cela même la quantité de vapeur produite sans
jamais qu'elle puisse devenir incandescente ou surchargée d'eau.

Ce procédé, qui obviait complétement à la destruction des garnitures, évitait encore la carbonisa-
tion des graisses; cet inconvénient, grave dans les machines à haute pression, n'est plus à redouter depuis
que l'expérience a appris qu'on pouvait sans obstacle
se passer de corps gras pour diminuer les frottemens,
qu'il suffisait d'opposer les uns aux autres des métaux

convenablement alliés. Des essais nombreux tentés par nous à ce. sujet nous ont fourni l'occasion d'étudier des phénomènes singuliers, de faire des observations curieuses à l'aide desquelles nous avons reconnu quels étaient les alliages les plus convenables pour atteindre ce résultat.

Les tubes d'injection sont à l'abri par leur construction et leur manière de vaporiser, d'une explosion dangereuse : munis de notre perfectionnement, ils fournissent le moyen de faire de la vapeur avec un appareil de peu de volume, et d'un poids assez léger; ils devraient être classés au nombre des inventions utiles, si leur énorme dépense de combustible ne venait anéantir tous leurs autres avantages.

Une seconde espèce de générateurs est celle où la vapeur formée progressivement, mais sous une pression très-forte, se dilate en passant au moteur. Ces appareils qui semblent être le problème que se proposent de résoudre un grand nombre de constructeurs par des combinaisons diverses, n'ont pu jusqu'à présent produire la vapeur qu'avec une dépense de combustible considérable. Sans revenir sur ce que nous avons dit en parlant des chaudières, nous ferons remarquer que ces appareils, dont on a cherché à réduire le plus possible le volume et le poids, sont nécessairement exposés à un feu très-intense, souvent activé par des moyens artificiels; qu'ils sont par cela même soumis à tous les inconvéniens des inégalités de chauffage. Renfermant peu de vapeur formée d'avance, la dépression opérée par la soustraction de chaque battement devient tellement sensible, qu'elle permet à la petite quantité de liquide qu'ils contiennent de s'élever en bouillonnant avec force, et d'être aussi entraînée vers le cylindre par le courant qui s'établit à chaque pulsation. Les oscillations du liquide rendent le niveau difficile à observer, et exposent les appareils destinés à le faire connaître à de fausses indications.

L'absence d'une certaine masse de vapeur dans laquelle puissent se perdre les variations de pression expose les générateurs a en laisser échapper par leur soupape de sûreté une bouffée toutes les fois que la communication se trouve momentanément suspendue entre eux et la machine par l'appareil de distribution. Cette fuite est le résultat du choc en retour qui s'établit alors; plus sensible dans les moteurs qui usent de la détente de la vapeur dans lesquels son introduction est pour cela brusquement arrêtée, ce choc se fait violemment sentir dans les générateurs à chaque pulsation; l'extrême sensibilité de ces appareils pour le calorique les rend très-difficiles à maintenir à une pression constante; la moindre négligence de la part du chauffeur fait varier la pression, au point que, pour obtenir la marche régulière du moteur, on est obligé d'entretenir continuellement le feu de façon à produire un léger excès de vapeur.

Quelques-uns de ces générateurs recommandés par leurs inventeurs, surtout à cause de leur sûreté, ont prouvé par des explosions malheureuses quel degré de confiance on devait leur accorder. Presque toujours leur construction compliquée rend difficiles leurs réparations. L'impossibilité de les débarrasser des sédimens, dont l'accumulation expose le métal isolé de l'eau à l'action du feu, abrège encore la durée de leur service.

Il nous reste à examiner une troisième espèce de générateurs, celle où l'eau est retenue à l'état de liquide, quoique pénétrée de tout le calorique nécessaire pour être réduite en vapeur. Dans ces appareils, une nouvelle quantité de liquide introduite malgré la grande résistance de celui déjà contenu en déplace une portion égale, qui seulement alors se réduisant en vapeur va faire jouer la machine.

Ces dispositions, Messieurs, vous sont connues, elles forment la base du système adopté par l'ingénieur Perkins; vous avez pu les apprécier à Vincennes lors des essais du canon auquel un appareil de ce genre devait fournir la vapeur; une partie des expériences de cet habile expérimentateur ont été répétées par nous, et nous avons eu la satisfaction d'assister plusieurs fois à ses essais dans ses ateliers en Angleterre.

Malgré toutes les ressources de son esprit inventif, malgré toutes les modifications auxquelles cet ingénieur n'a cessé de soumettre sa découverte, il en est encore réduit à voir malgré sa volonté la vapeur sortir de ses générateurs tantôt incandescente, tantôt entraînant au contraire une quantité considérable de petits globules d'eau qui ne se sont pas vaporisés.

Pour parer à ce double inconvénient dans les expériences à Vincennes, il fut forcé d'ajouter à l'extrémité de ses tuyaux générateurs une espèce de réceptacle dans le fond duquel s'élançait le jet de vapeur; il réunissait ainsi l'eau entraînée par momens, et la faisant traverser par la vapeur incandescente lorsque ce cas avait lieu, il en réelevait une partie en vapeur, diminuait ainsi le premier inconvénient, et remédiait au second en saturant celle qui ne l'était pas.

Ces dispositions laissent, il faut en convenir, une grande incertitude sur les bons effets de cet appareil; la haute température à laquelle il est entretenu l'expose à une dilatation qui souvent répétée doit amener sa prompte destruction. L'absence d'une économie notable bien constatée, la pression très-élevée sous laquelle il génère la vapeur, n'offrant aucun avantage réel, ont détourné de son emploi tout autre que son inventeur.

Si l'on jette les yeux sur le tableau de la détente de la vapeur, on reconnaît en effet qu'il y a peu ou point de bénéfice à se servir de vapeur très-comprimée, que c'est inutilement pour l'économie dans son emploi qu'on expose la machine à tous les inconvéniens d'une très-haute température, à toutes les chances de fuites inséparables d'une pression élevée. Il nous semble que ce tableau indique, pour limite de la pression sous laquelle on peut faire travailler utilement une machine, celle où la puissance résultant de la seule détente de la vapeur surpasse encore les pertes de force par les fuites devenues plus considérables et par l'augmentation du frottement du piston qui doit dans ce cas, pour contenir la vapeur plus comprimée, s'appliquer contre le cylindre avec une bien plus grande énergie.

En jetant un coup d'œil rapide sur ce qui a été fait, nous avons signalé, Messieurs, plusieurs vices de construction susceptibles d'être évités. Ne convient-il pas d'indiquer les perfectionnemens qu'on pourrait apporter aux appareils actuellement en usage avant de nous occuper des principes d'après lesquels on peut en construire de nouveaux.

En parlant des plaques fusibles, nous avons fait remarquer que leur fusion pouvant arriver dans certains cas sans qu'on ait pu s'en apercevoir, leur présence deviendrait ainsi inutile. Nous avons cité des circonstances où leur fusion équivaudrait à une explosion. Il nous semble que ces deux inconvéniens peuvent être évités: on remédiera au premier en scellant dans la plaque fusible même un piton ou anneau auquel serait attachée l'extrêmité d'une bascule, soutenant ouvert le registre de la cheminée, ou correspondant à tout autre moyen d'indication; lors du ramollissement seul, et même avant la fusion de la plaque, la pièce insérée venant à se dégager, permettrait au registre de se fermer ou donnerait lieu à toute autre modification dans l'état habituel de la machine, de telle sorte que le surveillant ne pourrait manquer d'en être à l'instant averti.

On évitera plus facilement encore le second inconvénient précédemment signalé, je veux parler de la privation inattendue de la force par la fusion des plaques et l'on pourra alors en généraliser l'emploi. Il suffira, comme nous l'avons fait nous-même, de les placer sur l'orifice d'un large robinet qui, ouvert habituellement, peut être fermé dès que la plaque est fondue par l'augmentation de tension; cette disposition permettra d'arrêter la fuite de la vapeur dont cette première perte a déjà diminué la pression; elle facilitera le placement immédiat d'une autre plaque, le surcroît de tension aura été connu, la chaudière soulagée, les précautions nécessaires pour faire cesser ou éviter le retour d'un pareil accident seront prises, et la fusion de la nouvelle plaque avertirait, en cas de besoin, une seconde fois, de l'insuffisance des moyens employés pour remédier au mal; l'issue que la plaque fondue laissait à la vapeur interceptée à l'aide du robinet, permet de s'opposer à la perte de la force agissante d'une machine au moment où sa puissance est indispensable au salut de tout un équipage.

Nous avons signalé au nombre des causes les plus fréquentes d'explosion le défaut d'alimentation soit total, soit partiel; les flotteurs, les indicateurs de niveau tenus en bon état devraient être plus que suffisans pour parer à cet inconvénient si ceux qui gouvernent les machines étaient doués d'une constante sollicitude. L'expérience malheureusement ne démontre que trop combien il faut peu compter sur les soins vigilans d'hommes sans instruction, qu'une longue habitude familiarise avec le danger auquel leur négligence les expose sans cesse; c'est donc à des appareils indicateurs, qui n'auront pas besoin d'un

fait de leur volonté pour produire un avertissement,
qu'il convient d'avoir recours ; les explosions se-
raient bien rares si, toutes les fois que le niveau de
l'eau vient à baisser dans une chaudière, un robinet
s'ouvrait par une combinaison mécanique quelconque hors la portée de la main du surveillant, et
donnait issue à un petit jet de vapeur ; l'incommodité de cette fuite auprès du fourneau l'avertirait
et l'obligerait même de rétablir de suite la hauteur
convenable du liquide dans l'appareil ; le robinet
ouvert par l'abaissement seul du tuyau ne pourrait
être fermé que par la cessation de la cause qui a
déterminé son ouverture.

Pour que ces précautions puissent produire un
effet complet, il conviendrait de soumettre les
pompes alimentaires à une modification simple,
néanmoins de la plus grande importance ; il faudrait,
et la chose est possible, que leurs clapets puissent
être visités instantanément, sans qu'il soit besoin de
démonter une quantité considérable de boulons et
d'écrous, afin que, dès que l'indiquateur de niveau
a fait connaître l'abaissement du liquide, on puisse
aussitôt, en débarrassant les clapets des ordures qui
les tiennent soulevés, obvier à la cause première
du mal. L'impossibilité de rétablir promptement
le jeu de la pompe alimentaire, dans la plupart des
constructions actuelles, suffit pour rendre inutile
l'avertissement donné à l'ouvrier par l'indicateur
de niveau, quelle qu'ait été son efficacité. La bonne
disposition des pompes alimentaires, la possibilité
de s'assurer à chaque instant de leur service la cer-

titude des indications résultant des appareils destinés à faire connaître la hauteur du liquide, doivent,
à notre avis, exciter tout autant la surveillance de
l'autorité, que la résistance des parois des chaudières et des cylindres que les chaudronniers et les
constructeurs ont souvent eux-mêmes intérêt à
tenir très-épaisses.

DEUXIÈME PARTIE.

EXPOSITION D'UNE THÉORIE DE CONSTRUCTION.

Les dispositions dans lesquelles il convient de
se renfermer pour construire un producteur de vapeur qui réunisse les avantages des divers appareils
que nous venons de passer en revue, sans avoir leurs
défauts, sont de différentes natures; les unes, les
plus importantes, doivent avoir pour but sa sûreté;
les autres doivent tendre à l'économie du combustible, à la diminution du volume, du poids des appareils, à la simplicité de leur construction, à la facilité de leur nettoyage, de leur réparation, enfin
à assurer la modicité de leur prix.

Pour construire un producteur de vapeur qui présente une sûreté absolue dans son emploi, sans revenir sur toutes les précautions additionnelles dont il
convient de l'environner, il faut le disposer d'une
telle façon que même, l'explosion arrivant, elle
ne puisse être dangereuse.

La division du liquide et de la vapeur, en rendant l'explosion partielle ou tout au moins successive, peut seule en détruire l'instantanéité, cause unique de tous les désastres qui en sont la suite. Expliquons notre pensée par un exemple ; un paquet de cartouches qui détonneraient successivement serait loin de produire l'effet d'une semblable quantité de poudre enflammée simultanément.

On parviendra donc, sinon à éviter, du moins à rendre nul le danger de la rupture, en composant l'appareil d'une série de cellules ou compartimens se communiquant entre eux, dans lesquelles l'eau et la vapeur se trouveraient néanmoins divisées. Les cellules ou compartimens devraient, à notre avis, être cylindriques et sphériques ou coniques, de forme en un mot même qu'une tension interne n'altère pas, à laquelle au contraire elle tend à ramener une enveloppe déformée. La tenacité du métal, sous ces formes qui ne sont jamais d'une perfection mathématique, bien supérieure alors à sa résistance, semble indiquer que c'est en tirage que sa force doit être employée. Lorsque le métal résiste, il est exposé à être complétement déformé, pour peu que la figure sphérique, cylindrique ou conique, sous laquelle il supporte un effort, perde de sa régularité.

Le malheur arrivé à bord d'un bateau à Bordeaux montre comment un cylindre peut être brisé dès qu'il cesse d'être rond. Vous savez, messieurs, que le fourneau de la chaudière qui donna lieu à ce triste événement était formé par un tube de tôle, placé excentriquement dans l'intérieur de la chaudière.

L'eau ayant abandonné la partie supérieure de ce tube qui soutenait toute la pression de la vapeur, celui-ci fut aplati et violemment déchiré, dès que, par sa dilatation inégale, il eut acquis une légère ovalisation.

Les enveloppes destinées à contenir la vapeur et le liquide, étant d'un diamètre peu considérable, pourront n'avoir que peu d'épaisseur, sans cesser d'être capables de résister à de très-fortes pressions. L'emploi possible de métal mince pour des appareils à vapeur doit fixer l'attention. Entre deux parois d'épaisseur inégale, soumises à des pressions proportionnelles à leur épaisseur, la plus mince sera selon nous la plus forte; ceci n'est pas un paradoxe, car l'expérience a prouvé que la dilatation inégale des molécules qui composent une plaque épaisse détruit une partie de sa tenacité; ainsi on a vu plusieurs fois des bouilleurs trop épais détruits plus promptement par l'action du feu que d'autres qui n'avaient que la force convenable pour résister à la pression sous laquelle ils vaporisaient. Une disposition qui empêcherait les sédimens de se déposer sur la partie la plus exposée au feu, en permettant à l'eau d'être toujours en contact immédiat avec la paroi, éviteraient les explosions qui arrivent quand un corps mauvais conducteur du calorique s'intercale entre le métal et l'eau, et lui laisse alors acquérir une température assez élevée pour détruire sa force de cohésion.

Les dangers auxquels expose le retour de l'eau sur la surface qu'elle a abandonnée assez long-temps pour les laisser rougir, seront évités en construisant de façon qu'elle ne puisse pas se répandre à la fois sur une grande étendue de surface ; ne pouvant, en se disséminant dans tout l'appareil, entrer en contact par beaucoup de points avec la vapeur surchauffée que le producteur contient, il sera impossible à l'eau de s'approprier subitement le calorique nécessaire pour changer d'état ; la rupture par la formation brusque d'une grande quantité de vapeur, grâce à cette disposition, ne sera plus à craindre.

Une construction qui empêche le déplacement continuel du liquide et permette d'observer le niveau réel à tous les instans, est indispensable dans les appareils destinés à fonctionner à la mer ; il faut sur un vaisseau éviter encore le ballottage de l'eau dans la chaudière, qui lui fait éprouver quelquefois des secousses telles que les joints des tuyaux qui portent la vapeur aux machines en sont fréquemment rompus ; ces dangers doivent faire vivement désirer, pour la navigation, des appareils dans lesquels l'eau reste sans mouvement et toujours de niveau, quelles que soient les oscillations et les secousses du navire qui les contient.

Nous venons d'indiquer succinctement les dispositions qui concourent à rendre parfaitement sûr un producteur de vapeur ; nous nous contenterons d'indiquer brièvement les modifications qui assurent l'économie du combustible, et d'où résulte la légèreté, le peu de volume de ces appareils, ainsi que leur bonne confection, la durée de leur service et surtout la modicité de leur prix.

Les conditions d'économie tiennent principalement à l'augmentation des surfaces et à la position dans laquelle elles sont frappées par la flamme ; la parfaite combustion est aussi une cause première d'économie.

Pour transformer de l'eau en vapeur, il faut tout à la fois et une quantité de calorique proportionnelle à l'eau à vaporiser, et un espace de temps également en rapport avec cette masse de liquide ; le constructeur doit avoir pour but de diminuer le combustible qui doit fournir le calorique nécessaire à la transformation de l'eau en vapeur, et le temps indispensable pour cette opération physique. Plus la durée du temps pendant lequel un producteur produira une certaine quantité de vapeur sera courte, plus il approchera de sa perfection. Faire produire beaucoup en peu de temps, à peu de frais, voilà donc les vraies circonstances dans lesquelles il faut se renfermer. Examinons maintenant quel est le moyen d'abréger le temps de la production, en d'autres termes, d'augmenter la rapidité de la pénétration du calorique dans le liquide. L'expérience a prouvé qu'une étendue déterminée de surface ne se pénétrait dans des circonstances ordinaires que d'une certaine quantité de calorique, et ne pouvait ainsi former dans le même temps qu'une masse connue de vapeur. Il faudra donc tout d'abord que les surfaces des producteurs soient en proportion avec la production qu'on en attend ; mais nous voyons déjà qu'elles pourront aussi être d'autant plus restreintes qu'elles seront elles-mêmes dans des circonstances plus favorables de pénétration.

On arrivera à ce précieux résultat en disposant les appareils de manière à ce que la flamme en frappe le plus possible les parois. Remarquons que le calorique qui se dégage du foyer s'éleverait verticalement s'il était abandonné à sa propre impulsion, mais qu'entraîné par le courant d'air, cette tendance à pénétrer verticalement dans la masse est décomposée par la vitesse que le courant lui a imprimée. Ce n'est plus qu'en glissant presque parallèlement ou en frappant sous des angles tout au moins très-aigus qu'il tend à pénétrer dans le liquide.

Cette disposition est selon nous vicieuse, puisque c'est lorsque la flamme frappe à angle droit un corps, qu'elle lui communique le plus promptement son calorique; il faut donc éviter avec soin cette marche presque parallèle du courant d'air incandescent sous les chaudières ordinaires. On parviendra facilement à augmenter les angles sous lesquels elles sont frappées par la flamme, en les inclinant en sens inverse de la direction que suit la flamme dans sa marche; on pourra ainsi arriver à faire frapper par le courant presqu'à angle droit la surface d'un producteur, et, quoique loin de la verticale, l'on rentrera dans la circonstance où l'on observe la plus prompte pénétration. La nécessité d'imprimer une vitesse à la flamme pour la faire circuler sous l'appareil semblait au premier coup d'œil impossible à concilier avec cette disposition.

Mais bientôt l'équilibre s'établissant entre le corps chauffant et le corps chauffé, la pénétration, qui est

en raison inverse des équilibres de température, deviendra, nonobstant les précautions que nous venons
d'indiquer, extrêmement lente; les surfaces devront
être infinies pour dépouiller la flamme et la fumée du
peu de calorique qu'elles contiennent encore, puisque le temps sera considérable et que les surfaces
sont ici représentatives du temps. En effet, tous les
circuits que les constructeurs font faire au feu autour de leurs appareils n'ont, selon eux, pour but que
d'augmenter les surfaces. Suivant nous leur principal avantage est d'avoir prolongé le temps pendant
lequel la pénétration du calorique a pu s'opérer ;
on peut générer, en un temps semblable, une même
quantité de vapeur par des moyens bien opposés, en
mettant dans des circonstances ordinaires beaucoup
de surface en contact avec la flamme, ou bien en ex-
posant à l'action du feu une moins grande étendue,
mais dans des conditions plus favorables. Si ces résultats dans les deux hypothèses sont les mêmes
quant à la production, il s'en faut bien que ces dispositions soient indifférentes.

Les premières exigeraient des appareils énormes,
tandis qu'à l'aide des secondes on peut arriver à
en réduire le volume et le poids; entrons à cet é-
gard dans quelques explications.

Nous disons que, pour abréger le temps de la pénétration et construire ainsi les producteurs les plus
petits possible, il convient de se renfermer dans
l'application rigoureuse des lois physiques sur la
marche du calorique. Nous venons d'indiquer une

première disposition, occupons-nous d'une autre non moins importante.

La pénétration du calorique étant en raison inverse des équilibres de température, on ne pourra abréger considérablement le temps qu'en rompant continuellement l'équilibre qui tend à s'établir, et pour cela en il faudra faire frapper la flamme sur une paroi d'autant plus froide qu'elle est déjà elle-même plus refroidie.

Le seul moyen d'obtenir ce résultat est d'établir dans l'appareil des différences de température; nos réflexions long-temps dirigées vers ce but ne nous ont fourni qu'une seule solution de ce problème, sans diviser le liquide dans des récipiens tous séparés les uns des autres; c'est de chauffer la masse de liquide à vaporiser par sa partie supérieure et de faire circuler la flamme progressivement du haut en bas; en un mot c'est de chauffer l'eau avec un foyer à flamme renversée, placé dans la partie supérieure du producteur; l'eau chaude, plus légère, occupera la partie haute; l'eau froide d'alimentation, plus pesante, restera dans le bas, jusqu'à ce que celle qui arrive successivement l'oblige à s'élever. La flamme suivant une marche inverse de celle du liquide viendra toucher en descendant des surfaces de plus en plus froides. L'équilibre qui tend à s'établir entre l'eau et la flamme sera donc par cette disposition continuellement détruit, et la circonstance d'une prompte pénétration demeurera constante.

Pour obtenir le dépouillement du calorique, la

forme de la galerie dans laquelle la flamme circu-
lera n'est pas indifférente ; nous avons dit que la
pénétration était d'autant plus grande que la
paroi était plus fortement frappée : il conviendra
donc de donner aux galeries pour section la forme
d'un parallélogramme très-alongé ; car la partie
supérieure avec laquelle la flamme entrera en contact sera dans cette disposition la face la plus
grande. La nécessité d'incliner les galeries pour
faire descendre la flamme les expose naturelle-
ment au courant d'air incandescent sous un angle
favorable; cette disposition présente encore d'autres avantages, c'est de faire le feu sous la partie
constamment la plus chaude du producteur et de
permettre au foyer de dégager le plus de calorique
possible. L'habitude de faire arriver l'eau froide
d'alimentation dans la partie exposée au contact
le plus immédiat de la flamme a un grave inconvénient : présentant aux gaz à mesure qu'ils se dé-
veloppent par la conbustion, des surfaces continuellement refroidies, cette disposition ne leur
permet pas d'acquérir une température assez élevée
pour qu'ils puissent s'enflammer; une perte considérable des produits de la combustion est le résultat de cette mauvaise construction presque généralement adoptée et suivie.

La possibilité d'établir dans une masse de liquide
des différences de température a, pour les appareils destinés à la navigation, des avantages spé-
ciaux : en mer, on est obligé continuellement, pour
dessaler l'eau contenue dans les chaudières , de

la renouveler en partie. On introduit à cet effet, par la pompe d'alimentation, une quantité d'eau plus considérable que celle nécessaire pour fournir à la dépense de vapeur; dans ces appareils, on est forcé de soustraire en eau chaude une quantité égale à cet excédant. Par notre disposition, la soustraction s'opérera dans la partie inférieure de notre producteur; ce sera l'eau la moins chaude, et cependant celle qui est, par sa position même, la plus chargée de sel, qui sera continuellement remplacée : le calorique n'aura donc pas été inutilement introduit dans une masse considérable de liquide.

Pour faire produire à un appareil une grande quantité de vapeur, on peut encore, indépendamment des circonstances que nous venons d'indiquer, activer mécaniquement la combustion; l'expérience n'a pas encore prouvé s'il y avait avantage réel dans l'emploi de ce moyen; toujours il absorbe une quantité quelconque de la force qu'il est destiné à produire.

Nous venons de passer en revue les dispositions qui permettent une pénétration rapide du calorique dans le liquide; nous avons fait à l'instant remarquer un défaut de construction presque général et qui empêche le combustible de produire tout son effet utile ; pour en réduire la dépense, il faut assurer sa parfaite combustion; pour l'obtenir, il importe de mettre dans un rapport convenable avec la quantité de matière à brûler la grille du fourneau sur laquelle la combustion doit être opérée et le courant d'air nécessaire à cette combustion.

Ici encore on peut arriver au même résultat de diverses manières ; une quantité de charbon brûlé sur une très-petite grille, avec un courant d'air très-vif, produira autant de vapeur qu'une quantité consommée sur une grille plus étendue, mais avec moins de tirage.

Cette dernière disposition doit à notre avis être préférée; cette préférence sera justifiée par la facilité de faire brûler d'une manière régulière le charbon lorsqu'il est étendu sur une grille par couches de peu d'épaisseur.

La possibilité de charger la grille par fraction et de permettre ainsi au charbon déjà incandescent d'enflammer de suite les gaz générés par le charbon nouvellement introduit est un des avantages des grandes grilles ; pouvant être chargées de plus de combustible à la fois, l'entretien du feu exigera que la porte du fourneau soit ouverte moins fréquemment. L'air froid qui s'introduit alors sans passer au travers du foyer, s'interposant entre la chaudière et lui, empêche momentanément la transmission du calorique; cette perte est petite en apparence, répétée souvent, elle devient très-sensible au bout d'une journée de chauffage.

Les scories de la combustion encombrent la grille d'autant moins vite qu'elle a plus d'étendue; la combustion n'est pas aussi promptement ralentie dans ce cas par la suppression d'une partie des

ouvertures qui donnent accès à l'air : cet inconvénient rend presque impossible la régularité de la
combustion sur une petite grille, sans un travail fa-
tiguant de la part du chauffeur, qui doit continuellement détourner les intervalles entre les barreaux
qui composent la grille, à mesure qu'ils sont obs-
trués par les scories.

La combustion s'opère bien sur une grille un peu
vaste avec un tirage médiocre ; cette disposition
permet par conséquent l'emploi de cheminées peu
élevées ; le courant d'air nécessaire pour opérer une
combustion utile sur une petite grille ne peut être
produit que par une cheminée très-élevée, ou une
ventilation mécanique.

La combustion supposée parfaite, les conditions
de pénétration observées, nous retombons toujours
messieurs, dans la nécessité du temps pour que les
phénomènes physiques s'opèrent ; or nous avons
déjà établi que la durée du temps résultait nécessairement de l'étendue des surfaces.

C'est donc l'augmentation des surfaces que le
conducteur ne doit jamais perdre de vue ; mais,
pour construire d'une manière utile, il faut en
développer l'étendue sans rien ajouter au poids ni
au volume du producteur ; car alors on aurait fait un
appareil plus grand, il n'y aurait plus de perfectionnement : cette condition sera obtenue par les
dispositions que nous avons indiquées de la division du liquide dans une grande quantité de vases,
se communiquant. Petits en diamètre, on pourra
les construire en métal très-mince, et obtenir

ainsi le double avantage de l'augmentation des surface et de la diminution des poids.

La facilité de construction d'un appareil composé de diverses pièces aglomérées est facile à concevoir; la construction, la réparation seront partielles comme la détérioration. Il faut que les réparations puissent s'opérer facilement, ainsi que le nettoyage. Un appareil qui réunirait les autres conditions, et qui par l'absence de celle-ci exigerait une main-d'œuvre considérable, pour être ou nettoyée ou réparée, même dans le cas d'explosion, serait vicieux; il approcherait de la perfection, si par leur construction les pièces qui le composent pouvaient prendre indistinctement la place les unes des autres. On aurait ainsi la possibilité de les exposer toutes successivement à l'action destructive du foyer, et d'user ainsi également toutes les parties d'un producteur de vapeur.

Une grande simplicité doit couronner toutes ces modifications; elle seule, en rendant l'exécution facile, peut assurer la bonne confection et la modicité du prix.

Un producteur construit d'après ces principes formera avec peu de combustible beaucoup de vapeur; il sera d'une petite dimension et d'un poids léger; il présentera toute garantie pour la sûreté de son emploi, puisqu'il pourra même faire explosion sans blesser personne. Dans ce cas extrême, sa très-prompte réparation ne suspendra le service que quelques instans. Ces propriétés, les plus importantes de toutes, ne doivent pas moins dispenser

de le munir des autres moyens capables, sinon d'é-
viter, du moins de reculer le moment du danger.
Ainsi donc il sera convenable d'y appliquer des indicateurs de niveau, des plaques fusibles *sur robinet*, des soupapes de sûreté; ces dernières devront
être d'un diamètre assez petit pour que leur ouverture subite ne puisse pas à elle seule, comme
nous l'avons précédemment indiqué, être cause
d'une explosion.

Permettez-nous, messieurs, de vous soumettre en
finissant quelles sont les bases que nos réflexions
et nos expériences nous ont suggérées pour propor-
tionner l'orifice des soupapes avec la capacité des
appareils qu'elles sont destinées à préserver. Il nous
semble que c'est le maximum de production des
surfaces vaporisantes d'une chaudière qui doit
fournir cette mesure. Comme il convient que la tension de la vapeur ne puisse jamais dépasser la
pression d'épreuve, pression que l'appareil est ré-
puté pouvoir éprouver sans altération permanente,
il faut que la section de l'ouverture de la soupape
soit telle, qu'elle permette à la totalité de la vapeur
produite par la surface exposée à l'action du feu
de s'échapper, sans que la pression interne puisse
jamais s'élever au delà de cette limite.

Nous craignons, messieurs, d'avoir abusé de votre
bienveillante attention ; hâtons-nous de vous dire
que toute cette théorie n'est pas une pure hypothèse,
fruit de notre imagination ; c'est l'analyse exacte
des circonstances dans lesquelles nous nous sommes
nous-même renfermé pour la construction d'un

appareil sur lequel nous viendrons bientôt appeler vos regards. Huit années de travaux et d'expérience nous ont suggéré la pensée d'un producteur que nous oserons soumettre à votre judicieuse analyse. Puisse votre opinion favorable nous fixer sur le mérite de notre invention, et nous prouver que nos travaux n'ont pas été inutiles pour l'humanité et l'industrie!

INSTITUT DE FRANCE.

ACADÉMIE ROYALE DES SCIENCES.

Le secrétaire perpétuel de l'Académie pour les sciences mathématiques certifie que ce qui suit est extrait du procès-verbal de la séance du lundi 9 janvier 1832.

Rapport sur un nouveau producteur de vapeur, inventé par M. Armand Séguier.

Les immenses avantages que l'industrie retire journellement de l'emploi de la vapeur, soit comme force motrice, soit comme véhicule de chaleur, expliquent assez l'empressement avec lequel les physiciens et les artistes se livrent de toutes parts à l'examen des questions qui intéressent un sujet si fécond en applications utiles. Toutefois le mécanisme des appareils est depuis long-temps arrivé à un degré de perfection tel , que la plupart des recherches nouvelles n'ont d'autre but que d'obtenir le même résultat avec une moindre quantité de combustible. Il y aurait cependant un autre genre de perfectionnement plus désirable encore ; ce serait de rendre impossible les explosions des chaudières, ou, du moins, d'en écarter les dangers ; car aucune des combinaisons généralement employées jusqu'ici ne met complétement à l'abri des accidens désastreux qui peuvent en résulter. Les événemens malheureux survenus depuis la publication des ordonnances actuellement en vigueur, malgré le contrôle exercé par l'administration , malgré les moyens mis en usage pour prévenir les effets de l'imprudence ou de l'incurie, doivent engager les physiciens à imaginer de nouveaux appareils propres à donner plus de sécurité.

Obtenir de la vapeur un certain effet avec la plus petite dépense de combustible, éviter les explosions ou en atténuer les dangers au point de n'avoir plus à les redouter ; tels sont les deux problèmes dont l'industrie réclame la solution ; telles sont aussi les questions qui font l'objet des recherches expérimentales entreprises par M. Séguier, et que vous avez renvoyées à l'examen d'une commission de MM. de Prony, Arago, Cordier et moi.

Le but bien déterminé que M. Séguier s'est proposé d'atteindre est la construction d'un appareil propre à engendrer la vapeur nécessaire pour un service quelconque, et qui ait sur ceux que l'on emploie généralement le double avantage d'exiger une moindre dépense de combustible, et d'offrir, contre les effets des explosions, des garanties telles que l'on n'ait plus rien à craindre.

Pour faire mieux apprécier les conditions que l'on doit chercher à remplir et celles qu'il faut éviter, M. Séguier passe en revue les causes reconnues ou probables des explosions sur lesquelles on a recueilli des témoignages authentiques. L'adhérence ou la surcharge des soupapes de sûreté, l'accumulation du sédiment formé par les sels que les eaux contiennent toujours en dissolution, la déformation et l'écrasement des foyers intérieurs, le défaut d'alimentation ou l'abaissement du niveau de l'eau, et par suite la haute température des parois supérieures des chaudières ; toutes ces conditions ont déjà été signalées et discutées dans divers ouvrages, et principalement dans une dissertation très-étendue publiée par l'un de nous (M. Arago) dans l'Annuaire du bureau des longitudes pour 1830.

Parmi toutes ces causes, il en est une que l'auteur regarde comme une des plus fréquentes et que M. Perkins a le premier fait connaître, c'est l'abaissement du niveau de l'eau et l'échauffement des parois supérieures des chaudières. L'explication que M. Séguier donne du mécanisme de cette cause est à peu près la même que celle qui a été proposée par le célèbre ingénieur anglais. Comme elle nous paraît en opposition avec des lois bien constatées, nous demanderons à l'académie la permission d'entrer, à ce sujet, dans quelques détails.

C'est un fait, attesté par des témoignages trop multipliés pour que l'on puisse le révoquer en doute, qu'un grand nombre d'explosions ont été précédées de l'abaissement du niveau de l'eau dans la chaudière et de l'affaiblissement du ressort de la vapeur, soit que cette dernière circonstance résulte du premier fait ou de l'ouverture des soupapes de sûreté. M. Perkins a remarqué que, dans ce cas, la vapeur peut acquérir une température de 5 à 600°, lorsque l'eau liquide n'est encore qu'à 100 et quelques degrés. Il rapporte même une expérience directe dans laquelle il a produit une différence énorme de température entre l'eau et la partie supérieure de la chaudière, en faisant monter la flamme du foyer au-dessus du niveau de l'eau. On conçoit, en effet, que, si les parties supérieures des parois latérales de la chaudière sont frappées en dehors par la flamme sans être intérieurement en contact avec l'eau, ce qui aura toujours lieu, pour les chaudières ordinaires, lorsque le niveau se sera abaissé, leur température pourra s'élever jusqu'au rouge et se communiquer au fond supérieur par l'intermédiaire de la vapeur. Les choses étant dans cet état, voici, selon MM. Perkins et Séguier, de quelle manière l'explosion serait produite. Supposons que le service ordinaire de la machine où l'ouverture accidentelle d'une soupape de sûreté amène l'évacuation d'une petite fraction de la vapeur contenue dans le réservoir, la diminution momentanée

de pression qui en sera la suite déterminera le
bouillonnement du liquide subjacent ; de petits
globules d'eau seront lancés dans toutes les direc-
tions à travers la masse de vapeur qui, en leur
cédant une partie de la chaleur qu'elle contient en
excès , les fera passer à l'état de gaz; ce nouveau
ressort ajouté subitement à la force expansive que
possède encore la vapeur préexistante, pourra devenir suffisant pour rompre l'enveloppe dont la résistance est d'ailleurs affaiblie par l'élévation de la
température. Voyons si cette ingénieuse explication
est conforme aux principes de la théorie de la chaleur. Puisque l'eau liquide est moins chaude que la
vapeur qui prend facilement la température des
parois latérales et qui la communique facilement à
la voûte de la chaudière, l'élasticité de cette vapeur ne peut jamais excéder la tension de l'eau correspondant à la température que celle-ci possède.
L'excès de température de la vapeur ne peut donc
que diminuer sa densité ; une partie se liquéfie
et celle qui résiste à la condensation est exacte-
ment dans la même condition qu'un gaz soumis a
une pression constante, qui se dilate proportionnellement à l'élévation de sa température.

Admettons, par exemple, que l'eau soit à 144°,
ce qui correspond à une tension de quatre atmosphères, et que la vapeur soit à 500°; son élasticité sera
toujours de quatre atmosphères ; mais sa densité
sera tout près de deux fois plus petite que celle de la
vapeur à 144°. Maintenant qu'une certaine quantité
d'eau à 144° soit subitement disséminée dans la

masse de vapeur, l'excès de température de celle-ci diminuera, puisqu'elle cédera une partie de sa chaleur à l'eau moins chaude ; la diminution absolue d'élasticité qui s'ensuivra dépendra évidemment du rapport entre la masse de vapeur et celle de l'eau projetée. Nous supposerons que le liquide soit en quantité suffisante pour que la vapeur nouvellement formée absorbe tout l'excès de température de la première. Pour calculer l'élasticité du mélange, il faut connaître la chaleur spécifique de la vapeur d'eau, dans les conditions de l'expérience. Cet élément a été jusqu'ici fort mal déterminé. Des recherches, qui ne sont pas encore achevées, porteraient ce coefficient à un tiers environ, la capacité de l'eau liquide à poids égal étant prise pour unité. Ce nombre se rapporte à la vapeur d'eau qui aurait 0^m 76 de force élastique à $0°$ de température et dont le volume serait invariable. Il deviendrait à peu près un demi si la pression était constante, les autres conditions restant les mêmes. Dans l'expérience dont il s'agit, sa valeur serait plus diminuée par l'accroissement de densité de la vapeur qu'elle ne serait augmentée par l'élévation de la température. En prenant un demi pour la chaleur spécifique de la vapeur d'eau à quatre atmosphères d'élasticité et à la température de 5oo°, on peut donc être certain de ne commettre qu'une erreur favorable à l'explication qu'il s'agit de vérifier. Il est facile de voir que, dans l'hypothèse précédente, la quantité d'eau vaporisée aux dépens de la chaleur cédée par la vapeur, se-

rait les 0,356 du poids de cette vapeur ; sa température étant ainsi ramenée à 144°, la force élastique de la vapeur préexistante serait réduite aux
0,54 de ce qu'elle était ; en y ajoutant 0,192 (1)

---

(1) Soient P le poids de l'eau liquide nécessaire pour absorber, en se volatilisant, tout l'excès de température de la vapeur préexistante; le poids de cette vapeur contenue dans le réservoir étant pris pour unité; T la température de la vapeur; t celle de l'eau de la chaudière ; C la chaleur spécifique de la vapeur, celle de l'eau étant 1 ; enfin l la chaleur latente de la vapeur. On aura évidemment C $(T-t)=pl$ ou $p=C\left(\dfrac{T-t}{l}\right)$ pour le poids de la vapeur formée aux dépens de la chaleur de celle qui était dans le réservoir. L'élasticité de celle-ci sera réduite à la fraction $\dfrac{267+t}{267+T}$, en passant de la température T à $t°$; la tension de l'eau à $t°$ ou, ce qui est la même chose, l'élasticité de la vapeur avant l'affusion de l'eau, étant prise pour unité.

Pour avoir l'élasticité totale , il faut ajouter à la fraction précédente l'élasticité de la nouvelle vapeur. On la déterminera facilement en remarquant que cette vapeur étant à la même température que la première et répandue dans le même espace, les forces élastiques de ces deux masses doivent être entre elles comme leurs poids. On pourra donc poser la proportion : le poids 1 de la première quantité de vapeur est à $C\left(\dfrac{T-t}{l}\right)$ poids de la seconde, comme $\dfrac{267+t}{267+T}$ élasticité de la première, est à $\left(\dfrac{267+t}{267+T}\right)\left(\dfrac{T-t}{l}\right)$ C élasticité de la seconde. L'élasticité totale e sera donc égale à $\left(\dfrac{267+t}{267+T}\right)\left(1+C\left(\dfrac{T-t}{l}\right)\right)$. Si T$=500°$ $t=144°$, C$=\frac{1}{2}$, $l=500$ on trouve $e=0,732$ de 4 atmosphères. t restant constant, si T prend les valeurs suivantes, on voit, par le tableau ci-joint, ce que devient l'élasticité finale.

Valeurs de T.	Valeurs de e.
2,000	0,514.
1,500	0,551.
1,000	0,601.
700	0,661.

pour l'effet dû à la nouvelle vapeur, on trouve 0,732 pour l'élasticité totale, c'est-à-dire une force élastique inférieure aux trois quarts de la valeur primitive. Il y aurait donc un affaiblissement subit de plus d'une atmosphère dans l'élasticité intérieure. En général, la diminution du ressort de la vapeur préexistante ne sera jamais compensée par l'élasticité de la nouvelle vapeur formée aux dépens de la première. Ainsi dans les circonstances signalées par MM. Perkins et Séguier, au lieu d'un accroissement de force élastique, comme ils l'admettent, c'est une diminution subite qui doit se manifester. L'effet immédiat de cette diminution doit être le soulèvement de la masse liquide, et sa projection contre les parois supérieures de la chaudière, qui se trouvent d'ailleurs placées, par la variation brusque et opposée du ressort intérieur, dans les conditions les plus favorables pour une rupture. Il est très-probable que le contact de l'eau avec les parois supérieures de la chaudière donne naissance à une quantité de vapeur qui augmente encore l'effet dont il s'agit; mais la projection de l'eau occasionée par la volatilisation subite d'une partie de ce liquide, aux dépens de sa chaleur propre et de celle des parois inférieures, nous paraîtrait déjà une cause suffisante d'explosion. On a

---

600	———	0,690.
500	———	0,732.
400	———	0,773.
300	———	0,838.
200	———	0,920.

déjà indiqué le soulèvement de la masse liquide comme une cause de rupture des chaudières, mais nous ferons remarquer que, sans le concours des circonstances que nous venons d'analyser, l'ouverture des soupapes de sûreté ou la formation d'une fissure dans les parois de la chaudière ne pourrait pas occasioner une diminution assez brusque d'élasticité pour donner lieu à une projection explosive du liquide. La perte d'une certaine quantité de vapeur ne devient dangereuse que lorsque le liquide possède une température notablement inférieure à celle de la vapeur, parce que c'est seulement alors que se développe la série des phénomènes que nous venons d'exposer. Si les choses se passent comme nous venons de le dire, on voit que les plaques minces de cuivre proposées comme moyen de sûreté ne sauraient être d'aucune efficacité contre les explosions de la nature de celles dont il vient d'être question.

Si les plaques fusibles que les réglemens obligent d'appliquer aux chaudières étaient toujours bien conditionnées, on éviterait sans doute la cause première de ces accidens, l'échauffement excessif des parois au-dessus de la surface du liquide ; mais on ne peut se dissimuler que le terme de fusion des plaques déterminé par les ordonnances laissant très-peu de latitude au ressort de la vapeur, les conducteurs des machines ont trop d'intérêt à suspendre ou à détruire l'effet de ces moyens pour que, dans un grand nombre de circonstances, leur emploi ne devienne pas illusoire.

M. Séguier propose, il est vrai, une manière de remédier au grave inconvénient qui résulterait, surtout pour un bateau à vapeur, de la fusion des rondelles métalliques, au moment où l'inaction de la machine deviendrait une cause certaine de naufrage. Ce serait d'adapter la plaque à l'orifice d'un robinet que l'on pourrait fermer lorsque celle-ci, par sa fusion, livrerait passage à la vapeur. Cette idée serait excellente, si l'on pouvait se fier entièrement à la prudence et à la sollicitude des conducteurs ; mais c'est précisément pour se garantir de la négligence ou de la témérité que l'on avait eu recours à un procédé entièrement indépendant de la volonté des surveillans.

Il serait bien préférable de recourir au moyen que propose en dernier lieu M. Séguier, et qui consisterait à établir un mécanisme simple, à l'aide duquel une petite fuite de vapeur, dans un lieu très-apparent, serait déterminée par l'abaissement du niveau au-dessous d'un certain terme. Le bruit et l'incommodité de ce jet de vapeur appelleraient l'attention du chauffeur sur les pompes alimentaires, qui devraient d'ailleurs être construites de manière que l'état des clapets pût à l'instant être vérifié.

Après avoir passé en revue tous les dangers inhérens à l'emploi des grandes chaudières, M. Séguier expose les qualités les plus désirables dans un appareil destiné à fournir la vapeur nécessaire pour un certain travail, en posant toujours comme conditions indispensables la sécurité et l'économie.

du combustible. Nous ne suivrons pas l'auteur dans tous les détails où il est entré sur la forme des vases, leur diamètre, l'inclinaison de leurs parois, soit pour s'opposer à la formation du dépôt, soit pour que la flamme vienne les frapper à angle droit. Nous chercherons tout de suite à donner une idée de la disposition à laquelle il s'est arrêté.

Le liquide est renfermé dans des tuyaux cylindriques de cuivre rouge de cinq centimètres de diamètre et de un mètre de longueur, formant trois (1) systèmes. Ceux du premier système sont rangés parallèlement entre eux à une petite distance l'un de l'autre dans un plan incliné de 30° à l'horizon. Ceux du second système sont disposés de la même manière au-dessous des premiers, dans un plan incliné en sens contraire. Enfin le troisième système, tout pareil aux deux autres, est contenu dans un plan parallèle à celui du premier. Des pièces de fonte creuses établissent une communication entre les cylindres de même numéro dans les trois systèmes; de sorte que, dans un même plan vertical, sont compris trois tuyaux assemblés comme les traits d'un Z. Les extrémités supérieures et inférieures aboutissent à deux réservoirs cylindriques d'un plus grand diamètre et situés transversalement, celui d'en haut pour recevoir la vapeur, et celui d'en bas pour fournir l'eau d'alimentation. Le foyer est situé sous la rangée supérieure, et,

____

(1) M. Séguier a reconnu depuis qu'il y avait de l'avantage à en mettre un quatrième.

par des obstacles convenablement distribués sur leur trajet, la flamme et l'air chaud sont obligés de passer entre les tuyaux de la deuxième et de la troisième rangée pour se rendre dans la cheminée. Le chauffage se fait donc en grande partie à flamme renversée. C'est cette idée qui constitue le mérite principal du producteur de vapeur imaginé par M. Séguier; car on avait déjà proposé et employé, depuis plusieurs années, un système de tuyaux inclinés et parallèles entre eux pour remplacer les chaudières des machines à haute pression. Nous devons dire cependant que, même en faisant abstraction de la différence capitale que nous venons de faire remarquer, l'appareil de M. Séguier aurait encore sur celui de Kean plus d'un genre de supériorité. Ainsi, par exemple, les bases de chaque cylindre sont liées solidement ensemble par une barre de fer placée dans la direction de l'axe, de manière que l'explosion ne pourrait se faire que par les surfaces convexes et dans un seul cylindre à la fois, condition qui doit rendre le danger à peu près nul. Ensuite la facilité avec laquelle un tuyau peut être remplacé, sans être obligé de déranger les autres pièces, abrégerait beaucoup les intermittences de travail nécessitées par les réparations; ce qui, dans beaucoup de cas, peut devenir d'une grande importance. Enfin les pièces qui unissent les tuyaux compris dans un même plan vertical étant indépendantes l'une de l'autre, l'appareil n'est pas exposé à des tiraillemens destructeurs par les différences de dilatation provenant de l'inégale distribution de la chaleur.

Il est facile d'apercevoir les avantages qui doivent résulter du chauffage à flamme renversée, sous le rapport de la sécurité. Car la partie inférieure de toutes les colonnes d'eau étant beaucoup moins chaude que tout le reste, la masse liquide ne pourrait plus être lancée dans le réservoir de vapeur, lors même que les conditions d'explosion précédemment exposées viendraient à se réaliser.

Sous le rapport de l'économie du combustible, la supériorité de ce procédé n'est pas moins facile à saisir. Pour s'en assurer, il suffit de remarquer que la flamme et les courans d'air chaud qui ont traversé le foyer passent successivement sur des parois de moins en moins chaudes, à mesure qu'ils sont eux-mêmes parvenus à une température moins élevée. En sorte que l'on pourrait dépouiller les produits gazeux de la combustion de tout leur excès de température sur l'air extérieur, s'il ne fallait leur en laisser une partie pour déterminer le tirage du fourneau. Mais ce n'est pas seulement par cette raison que le chauffage à flamme renversée est plus économique que le procédé ordinaire. On comprend aisément que dans ce mode de chauffage la flamme ne touchant habituellement que les surfaces les plus chaudes de l'appareil, la combustion du gaz doit se faire plus complétement. Aussi le fourneau donne-t-il beaucoup moins de fumée qu'à l'ordinaire, avantage très-précieux dans un grand nombre de circonstances.

Ce que nous venons de dire de l'économie procurée par le procédé de M. Séguier se trouve confirmé par des expériences faites sous nos yeux. Un kilogramme de charbon de terre de moyenne qualité a suffi pour vaporiser de sept à huit kilogrammes d'eau ; *résultat supérieur au moins d'un septième à ce que l'on a obtenu jusqu'ici des meilleures constructions.*

Suivant l'auteur, ce serait non-seulement au renversement de la flamme, mais à sa direction perpendiculaire aux parois des tuyaux, que l'on devrait attribuer la supériorité de son procédé de chauffage. Nous pensons aussi que cette condition est la plus avantageuse pour obtenir l'introduction dans la chaudière de la plus grande quantité de chaleur ; mais nous croyons que cela tient tout simplement à ce que la flamme, étant alors forcée de changer brusquement de direction, se met plus complétement et reste plus long-temps en contact avec les surfaces métalliques que lorsqu'elle les rencontre obliquement.

Toutes les inductions théoriques sont donc favorables à cette nouvelle construction, qui semble plus spécialement propre à la navigation.

Quand il s'agit de prononcer, d'après les seules lumières de la théorie, sur le mérite des procédés applicables aux arts, on ne saurait être trop réservé ; *cependant nous croyons que la probabilité du succès est assez forte pour que le gouvernement doive se décider à faire quelques expériences avec ce nouveau système, dans les bâtimens à vapeur qu'il se propose de faire construire.* M. Séguier, qui s'est assuré par un brevet la propriété de son invention, déclare que, non-seulement il n'exigerait aucune indemnité de l'état, mais qu'il s'engagerait même à diriger la construction des machines, si son producteur de vapeur était adopté pour les bâtimens de la marine.

Vos commissaires pensent que l'Académie doit remercier M. Séguier de la communication qu'il lui a faite de son important travail, qu'elle doit l'engager à poursuivre des recherches qui promettent des résultats d'un si haut intérêt pour les arts et l'humanité, et lui donner un témoignage du prix qu'elle attache à son invention en décidant que son mémoire sera inséré dans le Recueil des savans étrangers.

Signé DE PRONY, ARAGO, CORDIER, et DULONG rapporteur.

L'Académie adopte ces conclusions.

Certifié conforme :

Le Secrétaire perpétuel pour les sciences mathématiques,

Signé P. ARAGO.

ÉVERAT, imprimeur, rue du Cadran, N° 16.